skóli - school	2
ferðalög - travel	5
samgöngur - transport	8
borg - city	10
landslag - landscape	14
veitingastaður - restaurant	17
kjörbúð - supermarket	20
drykkir - drinks	22
matur - food	23
bær - farm	27
hús - house	31
stofa - living room	33
eldhús - kitchen	35
baðherbergi - bathroom	38
barnaherbergi - kids room	42
föt - clothing	44
skrifstofa - office	49
hagkerfi - economy	51
starfsgreinar - occupations	53
verkfæri - tools	56
hljóðfæri - musical instruments	57
dýragarður - zoo	59
íþróttir - sports	62
athafnir - activities	63
fjölskylda - family	67
líkami - body	68
sjúkrahús - hospital	72
neyðartilvik - emergency	76
Jörð - earth	77
klukka - clock	79
vika - week	80
ár - year	81
form - shapes	83
litir - colors	84
andstæður - opposites	85
tölur - numbers	88
tungumál - languages	90
hver / hvað / hvernig - who / what / how	91
hvar - where	92

Impressum
Verlag: BABADADA GmbH, Nedderfeld 112 , 22529 Hamburg
Geschäftsführer / Verlagsleitung: Harald Hof
Druck: Books on Demand GmbH, In de Tarpen 42, 22848 Norderstedt

Imprint
Publisher: BABADADA GmbH, Nedderfeld 112 , 22529 Hamburg, Germany
Managing Director / Publishing direction: Harald Hof
Print: Books on Demand GmbH, In de Tarpen 42, 22848 Norderstedt

skóli

school

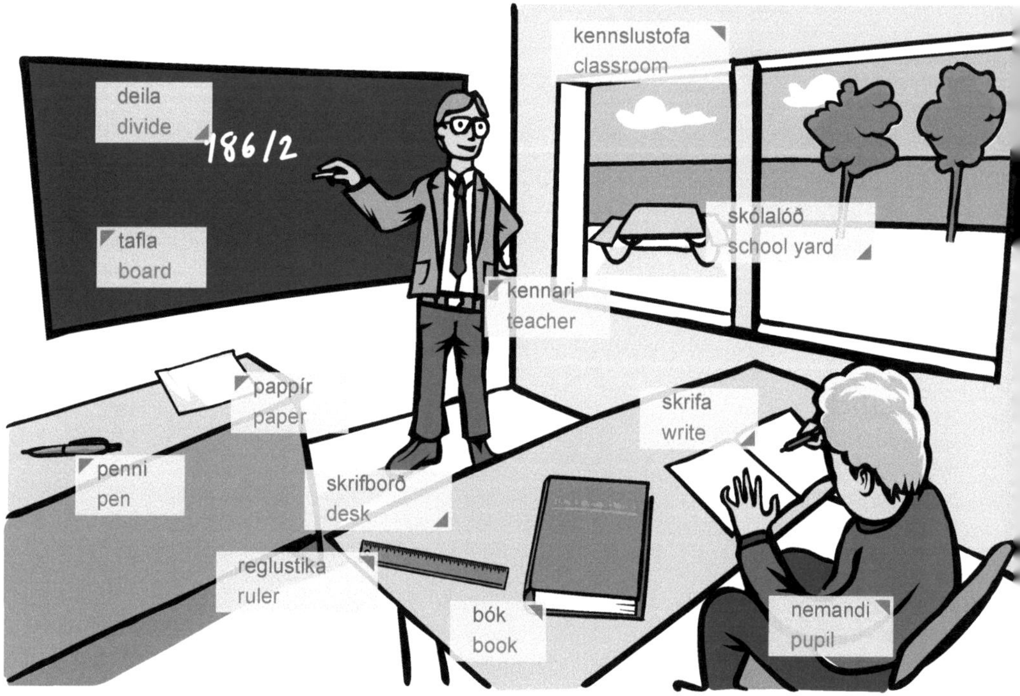

kennslustofa
classroom
deila
divide
186/2
tafla
board
skólalóð
school yard
kennari
teacher
pappír
paper
skrifa
write
penni
pen
skrifborð
desk
reglustika
ruler
bók
book
nemandi
pupil

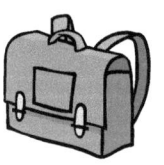

skólataska
satchel

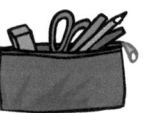

pennaveski
pencil case

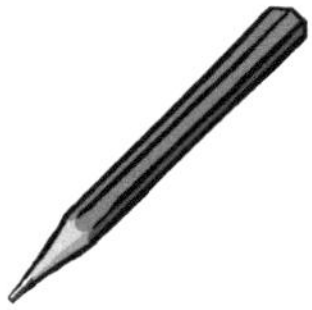

blýantur
pencil

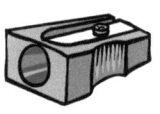

yddari
pencil sharpener

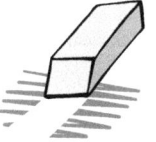

strokleður
rubber

teikniblað
drawing pad

teikning
drawing

pensill
paintbrush

litakassi
paint box

skæri
scissors

lím
glue

æfingabók
exercise book

heimavinna
homework

númer
number

leggja saman
add

draga frá
subtract

margfalda
multiply

reikna
calculate

bréf
letter

stafróf
alphabet

orð
word

texti

text

lesa

read

krít

chalk

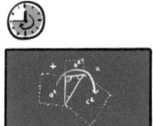

kennslustund

lesson

kladdi

register

próf

examination

vottorð

certificate

skólabúningur

school uniform

menntun

education

alfræðirit

encyclopedia

háskóli

university

smásjá

microscope

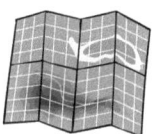

kort

map

ruslakarfa

waste-paper basket

ferðalög
travel

hótel
hotel
Grand
farfuglaheimili
hostel
ROOMS
EXCHANGE
gjaldeyrisskipti
currency exchange office
ferðataska
suitcase
bíll
car

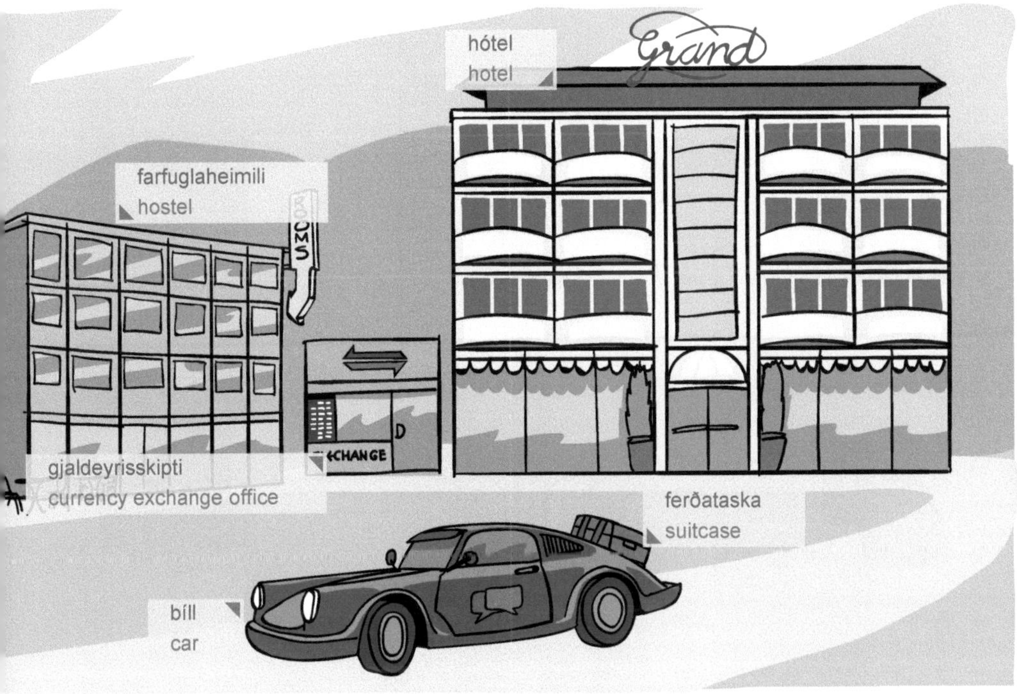

tungumál

language

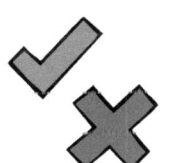

já / nei

yes / no

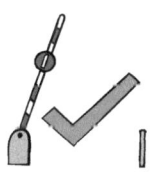

allt í lagi

Okay

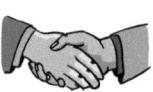

halló

hello

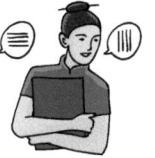

þýðandi

translator

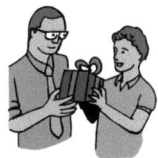

takk fyrir

Thank you

hvað kostar...?

how much is...?

Ég skil ekki

I don´t get it

vandamál

problem

Gott kvöld!

Good evening!

Góðan dag!

Good morning!

Góða nótt!

Good night!

bless bless

goodbye

átt

direction

farangur

luggage

taska

bag

bakpoki

backpack

gestur

guest

herbergi

room

svefnpoki

sleeping bag

tjald

tent

ferðalög - travel

upplýsingamiðstöð

tourist information

strönd

beach

kreditkort

credit card

morgunverður

breakfast

hádegisverður

lunch

kvöldmatur

dinner

farmiði

Ticket

lyfta

elevator

frímerki

stamp

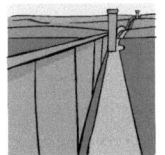

landamæri

border

tollur

customs

sendiráð

embassy

vegabréfsáritun

visa

vegabréf

passport

ferðalög - travel

7

samgöngur
transport

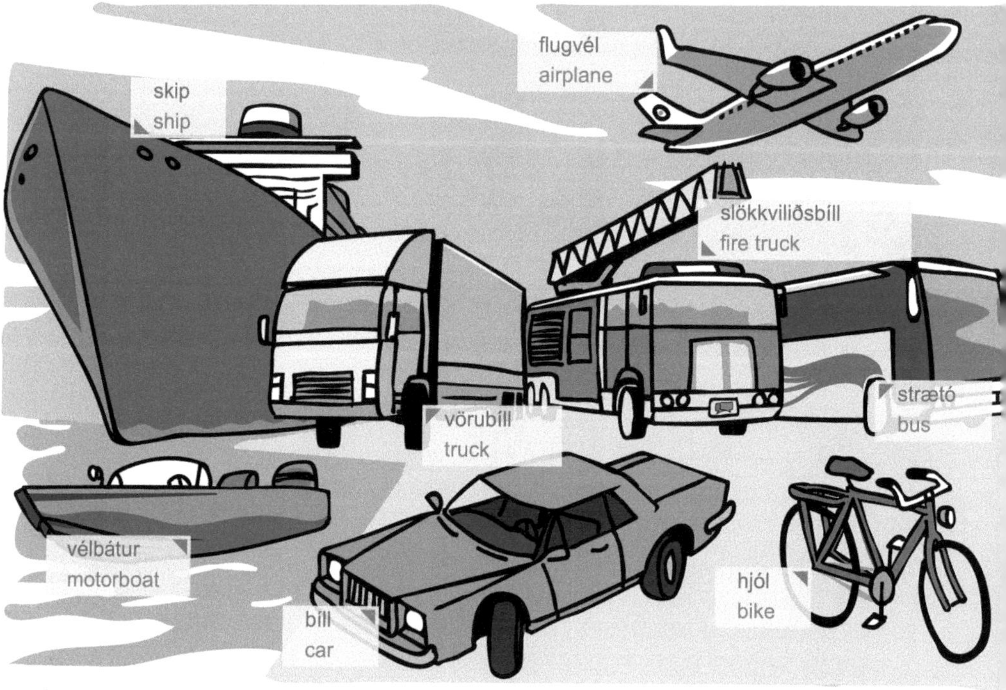
flugvél
airplane
skip
ship
slökkviliðsbíll
fire truck
strætó
bus
vörubíll
truck
vélbátur
motorboat
bíll
car
hjól
bike

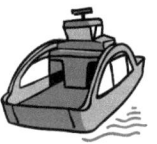

ferja

ferry

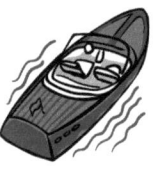

bátur

boat

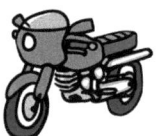

mótorhjól

motorbike

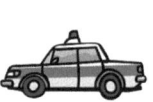

lögreglubíll

police car

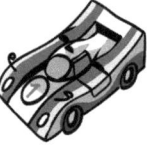

kappakstursbíll

racing car

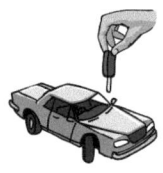

bílaleigubíll

rental car

bílasamneyti

car sharing

dráttarbíll

tow truck

öskubíll

garbage truck

vél

engine

eldsneyti

fuel

bensínstöð

fuel station

umferðarskilti

traffic sign

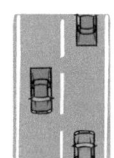

umferð

traffic

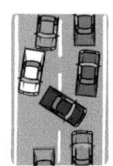

umferðarteppa

traffic jam

bílastæði

parking lot

lestarstöð

train station

járnbrautarteinar

tracks

lest

train

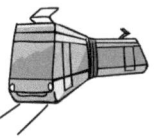

sporvagn

tram

vagn

wagon

þyrla

helicopter

flugvöllur

airport

turn

tower

farþegi

passenger

gámur

container

pappakassi

carton

kerra

cart

karfa

basket

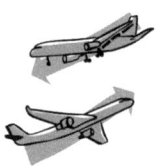

takast á loft / lenda

take off / land

borg
city

þorp

village

miðbær

city center

hús

house

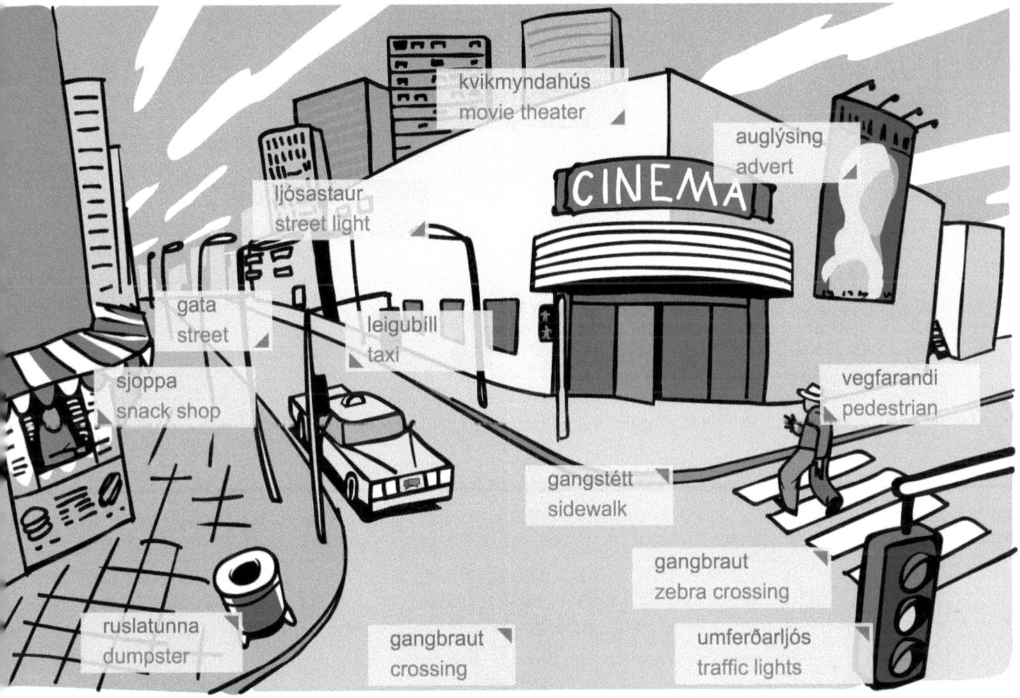

kvikmyndahús
movie theater
auglýsing
advert
CINEMA
ljósastaur
street light
gata
street
leigubíll
taxi
sjoppa
snack shop
vegfarandi
pedestrian
gangstétt
sidewalk
gangbraut
zebra crossing
ruslatunna
dumpster
gangbraut
crossing
umferðarljós
traffic lights

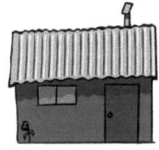

skáli
hut

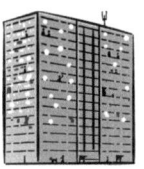

íbúð
apartment

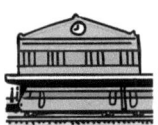

lestarstöð
train station

ráðhús
city hall

MUSEUM
safn
museum

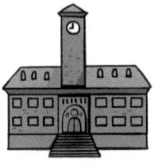

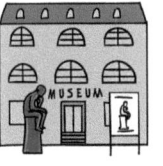

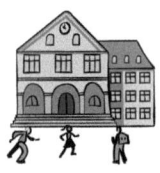

skóli
school

háskóli

university

banki

bank

sjúkrahús

hospital

hótel

hotel

apótek

pharmacy

skrifstofa

office

bókabúð

book shop

búð

shop

blómabúð

flower shop

kjörbúð

supermarket

markaður

market

stórmarkaður

department store

fiskbúð

fishmonger's shop

verslunarmiðstöð

mall

höfn

harbor

almenningsgarður
park

bekkur
bench

brú
bridge

stigi
stairs

neðanjarðarlest
subway

göng
tunnel

biðstöð
bus stop

bar
bar

veitingastaður
restaurant

póstkassi
postbox

götuskilti
street sign

stöðumælir
parking meter

dýragarður
zoo

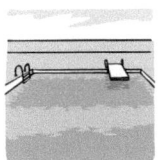

sundlaug
swimming pool

moska
mosque

bær
farm

mengun
pollution

kirkjugarður
cemetery

kirkja
church

leiksvæði
playground

musteri
temple

landslag
landscape

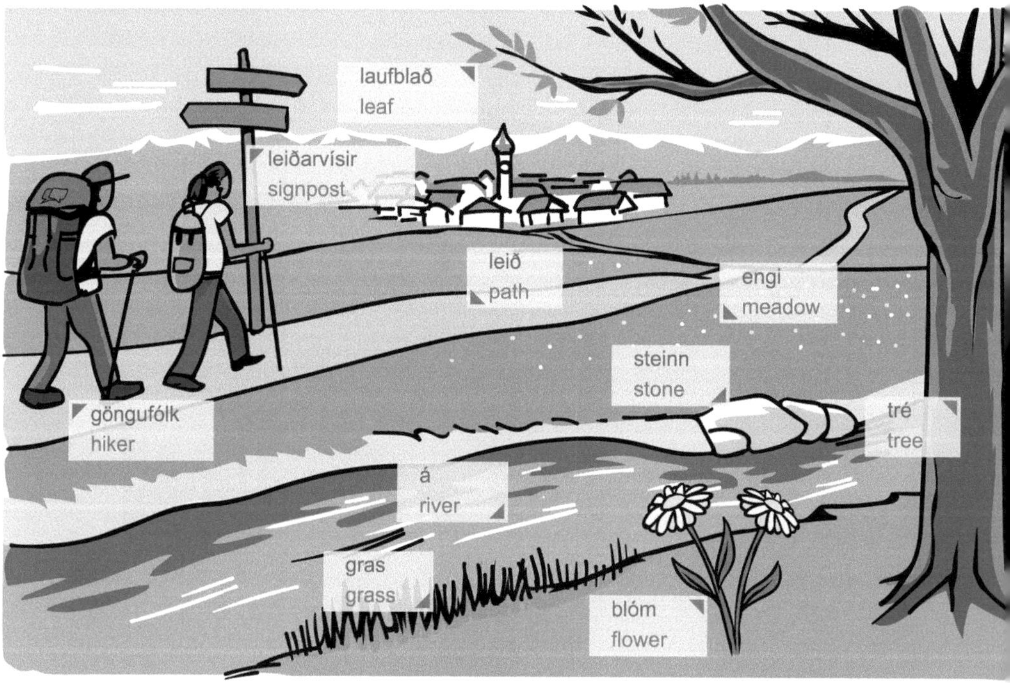

laufblað
leaf

leiðarvísir
signpost

leið
path

engi
meadow

göngufólk
hiker

steinn
stone

tré
tree

á
river

gras
grass

blóm
flower

dalur
valley

hæð
hill

stöðuvatn
lake

skógur
forest

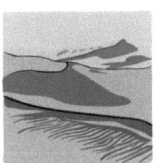

eyðimörk
desert

eldfjall
volcano

kastali
castle

regnbogi
rainbow

sveppur
mushroom

pálmatré
palm tree

moskítófluga
mosquito

fluga
fly

maur
ant

býfluga
bee

kónguló
spider

landslag - landscape

bjalla

beetle

froskur

frog

íkorni

squirrel

broddgöltur

hedgehog

héri

hare

ugla

owl

fugl

bird

svanur

swan

villisvín

boar

dádýr

deer

elgur

moose

stífla

dam

vindmylla

wind turbine

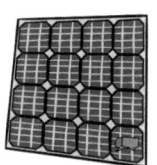

sólarrafhlaða

solar panel

loftslag

climate

veitingastaður
restaurant

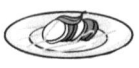

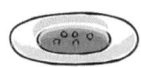

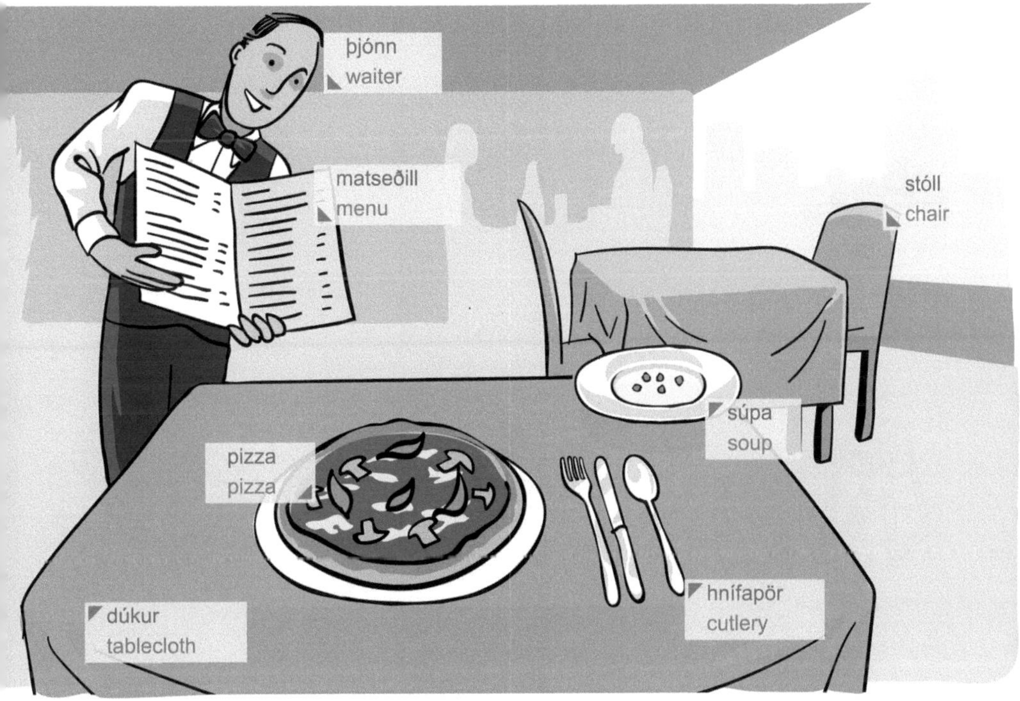

þjónn
waiter
matseðill
menu
stóll
chair
súpa
soup
pizza
pizza
hnífapör
cutlery
dúkur
tablecloth

forréttur

starter

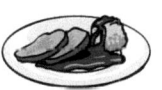

aðalréttur

main course

eftirréttur

dessert

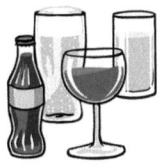

drykkir

drinks

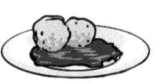

matur

food

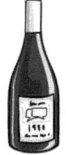

flaska

bottle

skyndibiti

fast food

götumatur

street food

teketill

teapot

sykurskál

sugar bowl

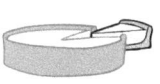

skammtur

portion

espressóvél

espresso machine

barnastóll

high chair

reikningur

bill

bakki

tray

hnífur

knife

gaffall

fork

skeið

spoon

teskeið

teaspoon

servíetta

serviette

glas

glass

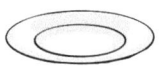

diskur
plate

súpudiskur
soup plate

undirskál
saucer

sósa
sauce

saltstaukur
salt shaker

piparkvörn
pepper mill

edik
vinegar

olía
oil

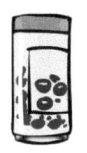

krydd
spices

tómatsósa
ketchup

sinnep
mustard

majónes
mayonnaise

kjörbúð
supermarket

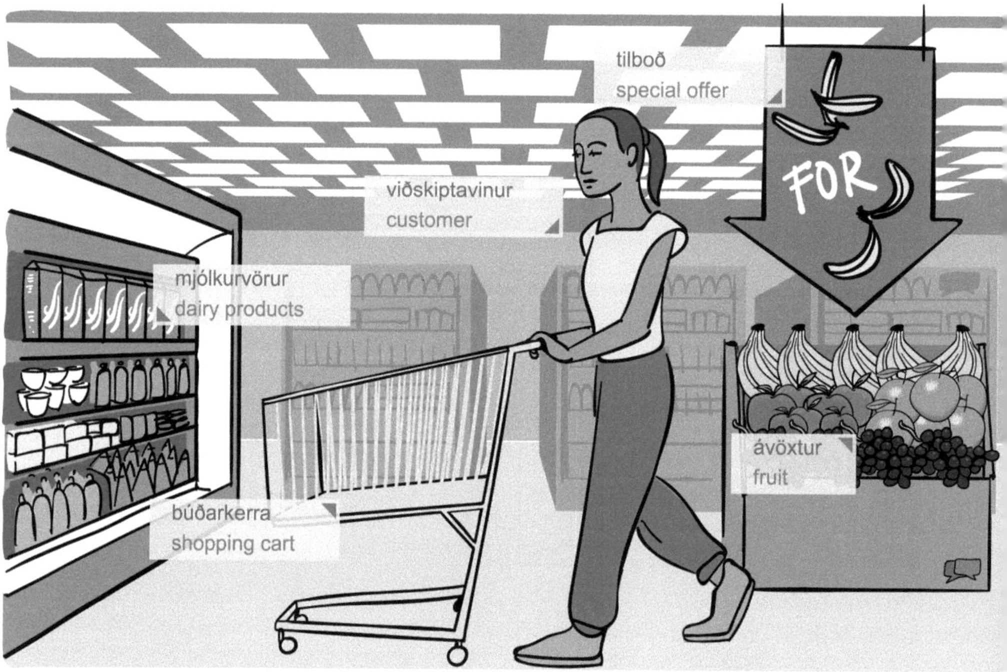
tilboð
special offer
FOR
viðskiptavinur
customer
mjólkurvörur
dairy products
ávöxtur
fruit
búðarkerra
shopping cart

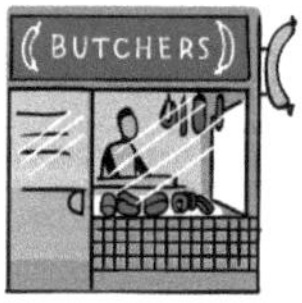
BUTCHERS

slátrari

butcher's shop

BAKERY

bakarí

bakery

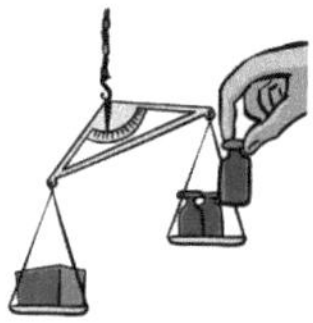

vega

weigh

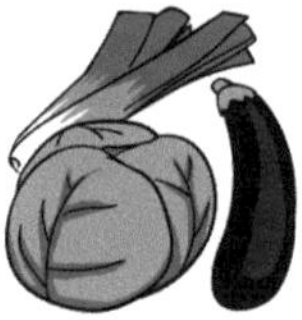

grænmeti

vegetables

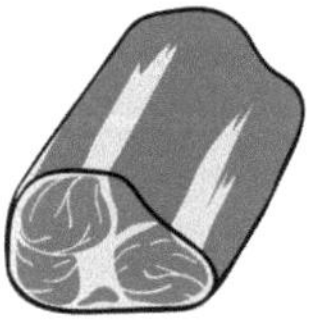

kjöt

meat

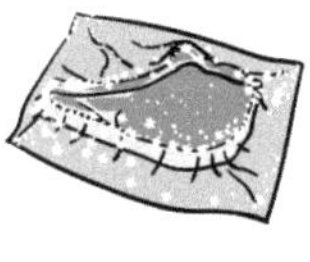

frosinn matur

frozen food

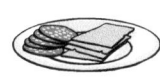

kjötálegg

cold cuts

niðursoðinn matur

canned food

þvottaefni

detergent

sælgæti

candy

vörur til heimilisnota

household products

hreinsiefni

cleaning products

afgreiðslukona

sales representative

afgreiðslukassi

cash register

gjaldkeri

cashier

innkaupalisti

shopping list

opnunartímar

opening hours

veski

wallet

kreditkort

credit card

poki

bag

plastpoki

plastic bag

kjörbúð - supermarket   21

vatn

water

safi

juice

mjólk

milk

kók

coke

vín

wine

bjór

beer

áfengi

alcohol

kakó

cocoa

te

tea

kaffi

coffee

espresso

espresso

kaffi

cappuccino

banani

banana

epli

apple

appelsínugulur

orange

melóna

melon

sítróna

lemon

gulrót

carrot

hvítlaukur

garlic

bambus

bamboo

laukur

onion

sveppir

mushroom

hnetur

nuts

núðlur

noodles

spagettí

spaghetti

hrísgrjón

rice

salat

salad

franskar kartöflur

fries

steiktar kartöflur

fried potatoes

pizza

pizza

hamborgari

hamburger

samloka

sandwich

snitsel

escalope

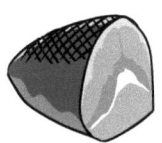

skinka

ham

salami

salami

pylsa

sausage

kjúklingur

chicken

steik

roast

fiskur

fish

haframjöl

porridge oats

múslí

muesli

kornflögur

cornflakes

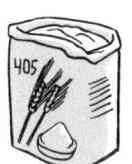

hveiti

flour

franskt horn

croissant

smábrauð

bread roll

brauð

bread

ristað brauð

toast

kex

cookies

smjör

butter

ystingur

curd

kaka

cake

egg

egg

spælt egg

fried egg

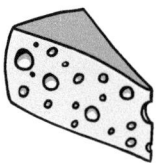

ostur

cheese

ís

ice cream

sykur

sugar

hunang

honey

sulta

jelly

súkkulaðiálegg

nougat cream

karrý

curry

bær
farm

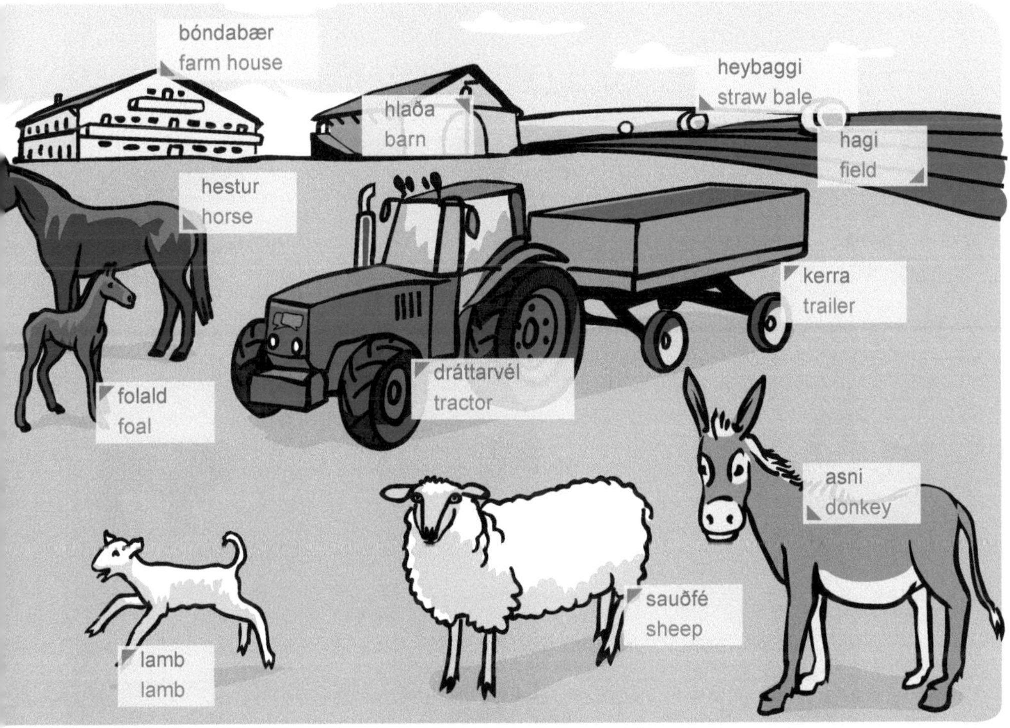
bóndabær
farm house
hlaða
barn
heybaggi
straw bale
hagi
field
hestur
horse
kerra
trailer
dráttarvél
tractor
folald
foal
asni
donkey
sauðfé
sheep
lamb
lamb

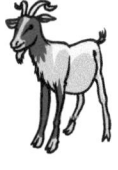

geit

goat

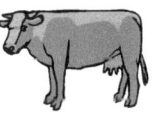

kýr

cow

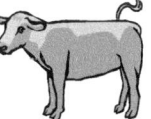

kálfur

calf

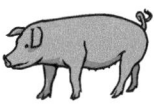

svín

pig

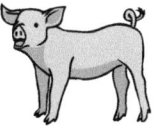

grís

piglet

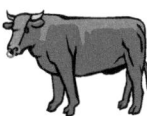

naut

bull

gæs

goose

önd

duck

ungi

chick

hæna

hen

hani

cockerel

rotta

rat

köttur

cat

mús

mouse

uxi

ox

hundur

dog

hundakofi

dog house

garðslanga

garden hose

garðkanna

watering can

ljár

scythe

plógur

plow

sigð

sickle

hlújárn

hoe

heygaffall

pitchfork

öxi

axe

hjólbörur

pushcart

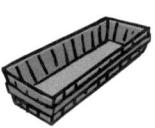

trog

trough

mjólkurfata

milk can

poki

sack

girðing

fence

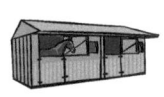

gripahús

stable

gróðurhús

greenhouse

jarðvegur

soil

fræ

seed

áburður

fertilizer

kornskurðarvél

combine harvester

uppskera

harvest

uppskera

harvest

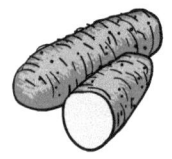

kínverskar kartöflur

yams

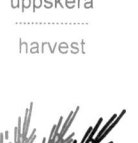

hveiti

wheat

soja

soya

kartafla

potato

maís

corn

repja

rapeseed

ávaxtatré

fruit tree

maníókarót

manioc

korn

grain

hús

house

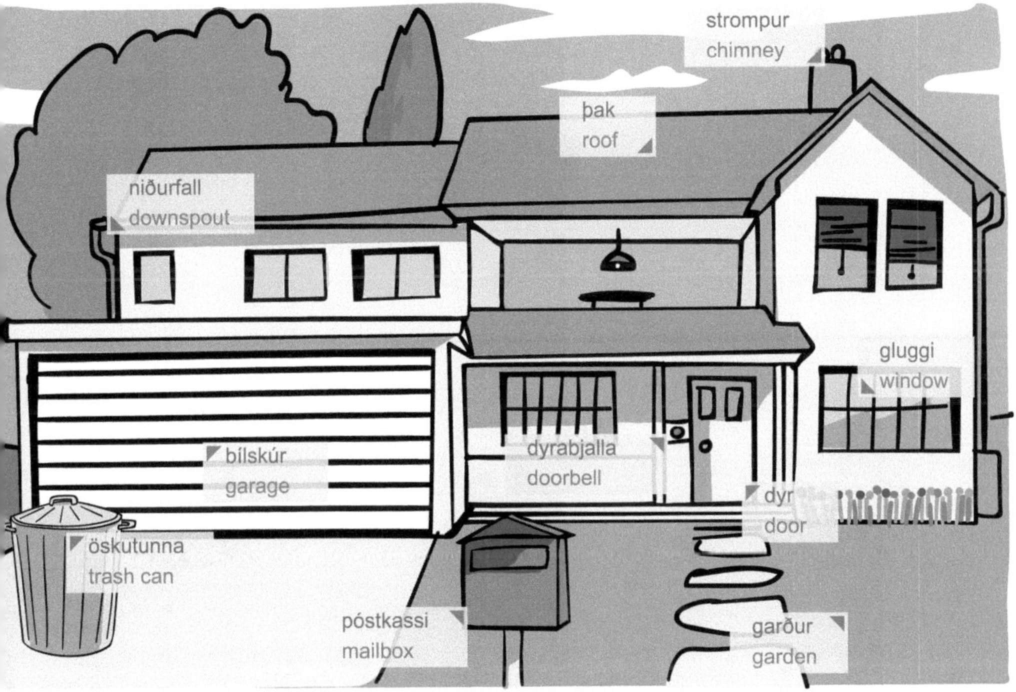
strompur
chimney
þak
roof
niðurfall
downspout
gluggi
window
bílskúr
garage
dyrabjalla
doorbell
dyr
door
öskutunna
trash can
póstkassi
mailbox
garður
garden

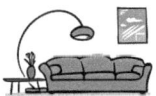

stofa

living room

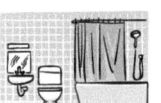

baðherbergi

bathroom

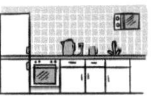

eldhús

kitchen

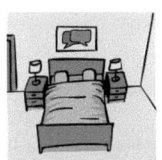

svefnherbergi

bedroom

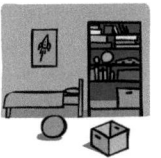

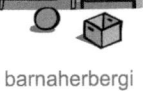

barnaherbergi

kids room

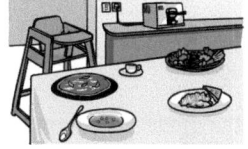

borðstofa

dining room

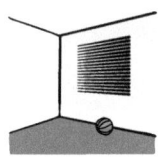

gólf

floor

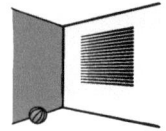

veggur

wall

loft

ceiling

kjallari

cellar

gufubað

sauna

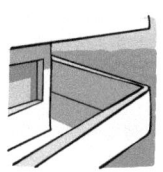

svalir

balcony

verönd

terrace

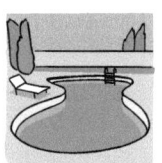

sundlaug

pool

sláttuvél

lawn mower

lak

sheet

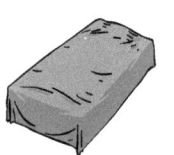

rúmteppi

bedspread

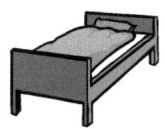

rúm

bed

kústur

broom

fata

bucket

rofi

switch

stofa
living room

veggfóður
wallpaper
ljósmynd
picture
lampi
lamp
hilla
shelf
skápur
cabinet
sjónvarp
television
arinn
fireplace
blóm
flower
púði
cushion
sófi
sofa
vasi
vase
fjarstýring
remote control

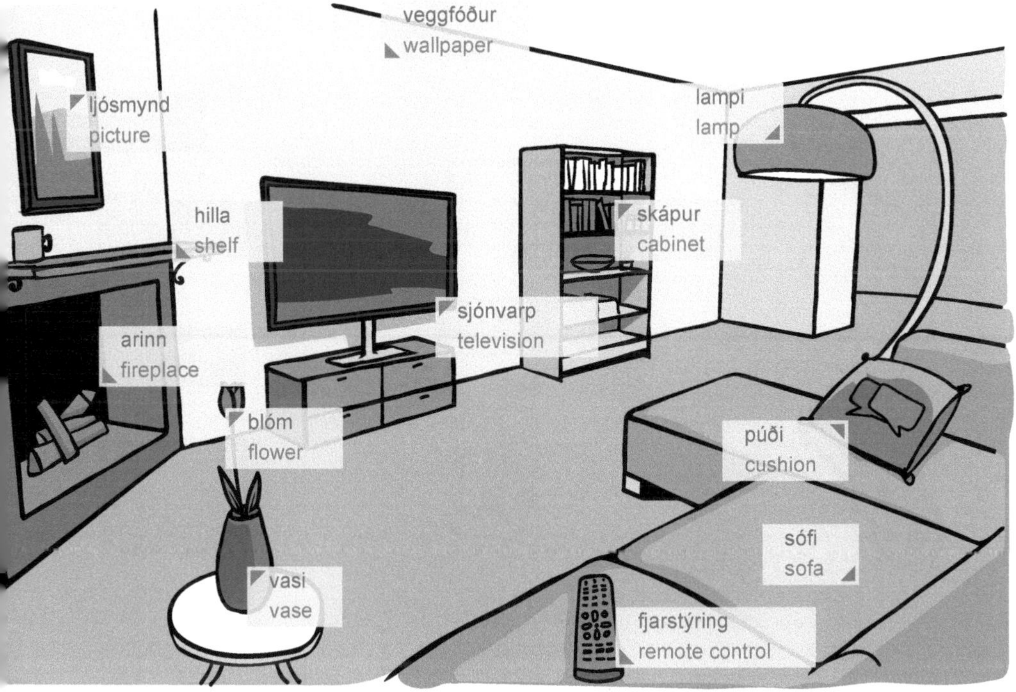

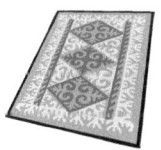

teppi

carpet

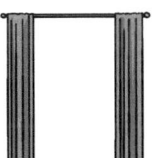

gardínur

drape

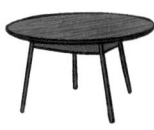

borð

table

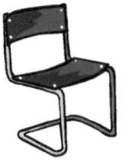

stóll

chair

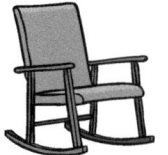

ruggustóll

rocking chair

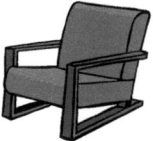

hægindastóll

armchair

bók

book

sæng

blanket

skraut

decoration

eldiviður

firewood

mynd

film

hljómflutningstæki

stereo system

lykill

key

dagblað

newspaper

málverk

painting

veggspjald

poster

útvarp

radio

minnisbók

notebook

ryksuga

vacuum cleaner

kaktus

cactus

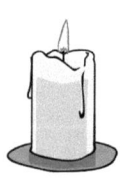

kerti

candle

eldhús
kitchen

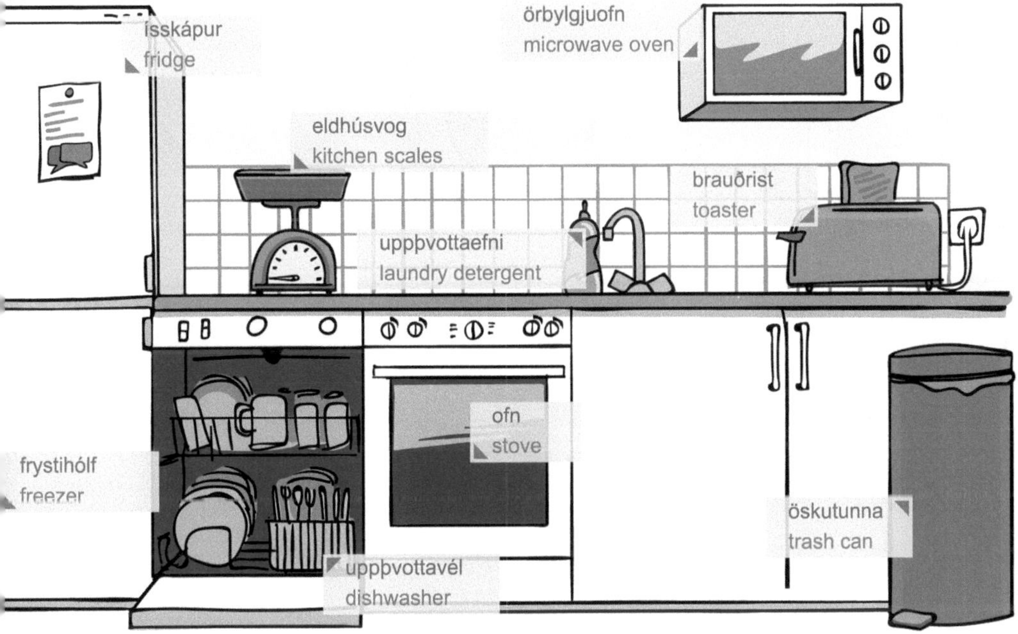
ísskápur
fridge
örbylgjuofn
microwave oven
eldhúsvog
kitchen scales
brauðrist
toaster
uppþvottaefni
laundry detergent
ofn
stove
frystihólf
freezer
öskutunna
trash can
uppþvottavél
dishwasher

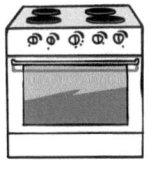

eldavél

cooker

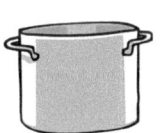

pottur

pot

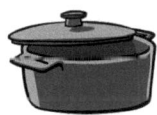

steypujárnspottur

cast-iron pot

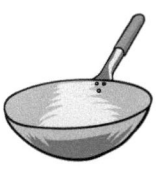

wok/kadai

wok / kadai

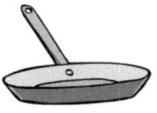

panna

pan

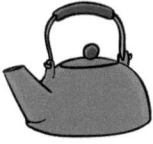

ketill

kettle

gufukarfa

steamer

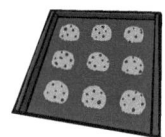

ofnform

baking tray

leirtau

crockery

mál

mug

skál

bowl

prjónar

chopsticks

ausa

ladle

spaði

spatula

pískur

whisk

sigti

strainer

málmsigti

sieve

rifjárn

grater

mortél

mortar

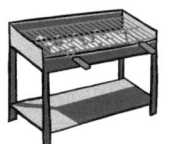

grill

barbecue

opinn eldur

fireplace

skurðarbretti

chopping board

kökukefli

rolling pin

tappatogari

corkscrew

dós

can

dósaopnari

can opener

pottaleppur

oven cloth

vaskur

sink

bursti

brush

svampur

sponge

blandari

blender

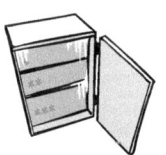

trystir

deep freezer

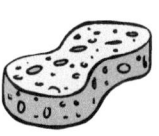

peli

baby bottle

blöndunartæki

tap

eldhús - kitchen

37

baðherbergi
bathroom

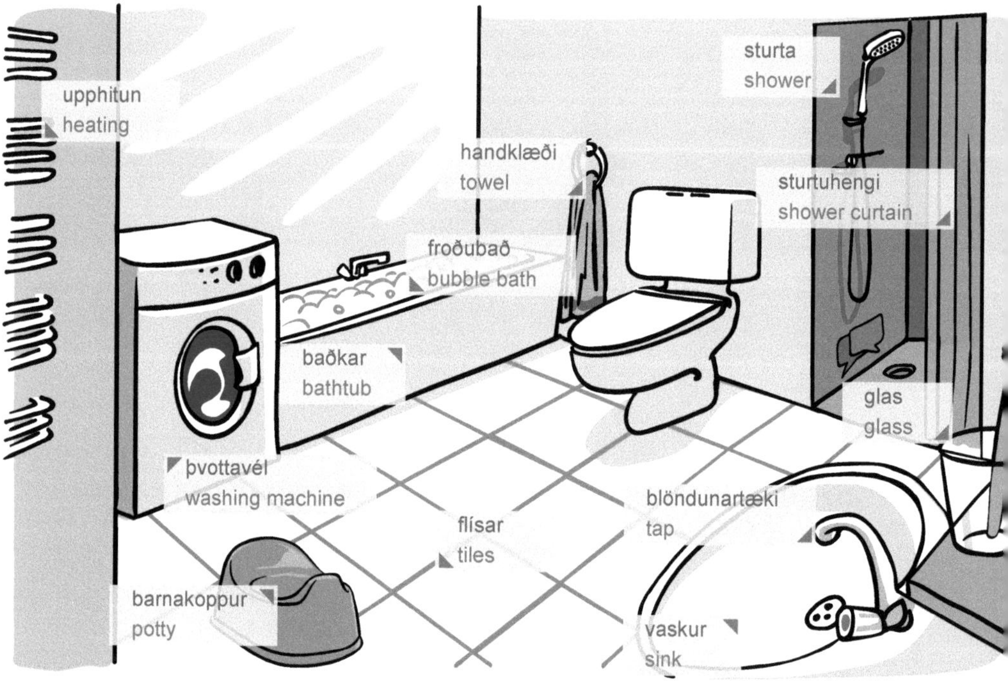
upphitun
heating
sturta
shower
handklæði
towel
sturtuhengi
shower curtain
froðubað
bubble bath
baðkar
bathtub
glas
glass
þvottavél
washing machine
blöndunartæki
tap
flísar
tiles
barnakoppur
potty
vaskur
sink

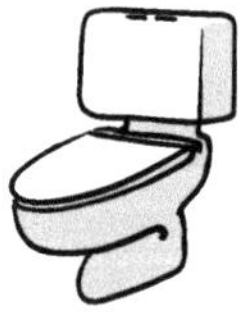

salerni
toilet

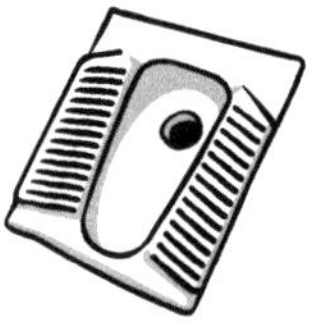

salerni án setu
squat toilet

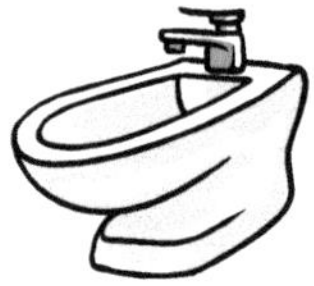

skolskál
bidet

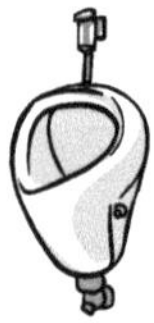

þvagskál
urinal

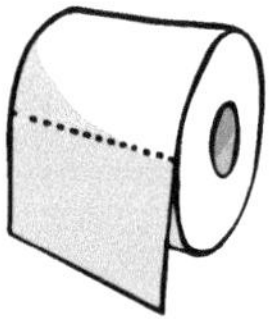

salernispappír
toilet paper

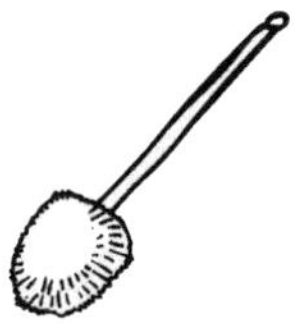

salernisbursti
toilet brush

tannbursti

toothbrush

tannkrem

toothpaste

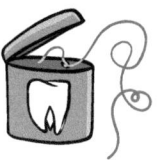

tannþráður

dental floss

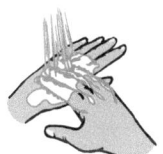

þvo

wash

handsturta

hand shower

salernissturta

douche

vaskur

basin

bakbursti

back brush

sápa

soap

sturtugel

shower gel

sjampó

shampoo

flannel

flannel

niðurfall

drain

krem

creme

svitalyktareyðir

deodorant

spegill

mirror

handspegill

hand mirror

rakskafa

razor

raksápa

shaving foam

rakspíri

aftershave

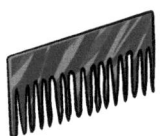

greiða

comb

bursti

brush

hárþurrka

hair-dryer

hársprey

hairspray

farði

makeup

varalitur

lipstick

naglalakk

nail varnish

bómull

cotton wool

naglaklippur

nail scissors

ilmvatn

perfume

þvottapoki

washbag

kollur

stool

vog

weighing scales

sloppur

bathrobe

gúmmíhanskar

rubber gloves

tíðatappi

tampon

dömubindi

sanitary towel

efnasalerni

chemical toilet

barnaherbergi
kids room

vekjaraklukka
alarm clock
mjúkt leikfang
cuddly toy
leikfangabíll
toy car
hrista
rattle
dúkkuhús
doll's house
gjöf
present

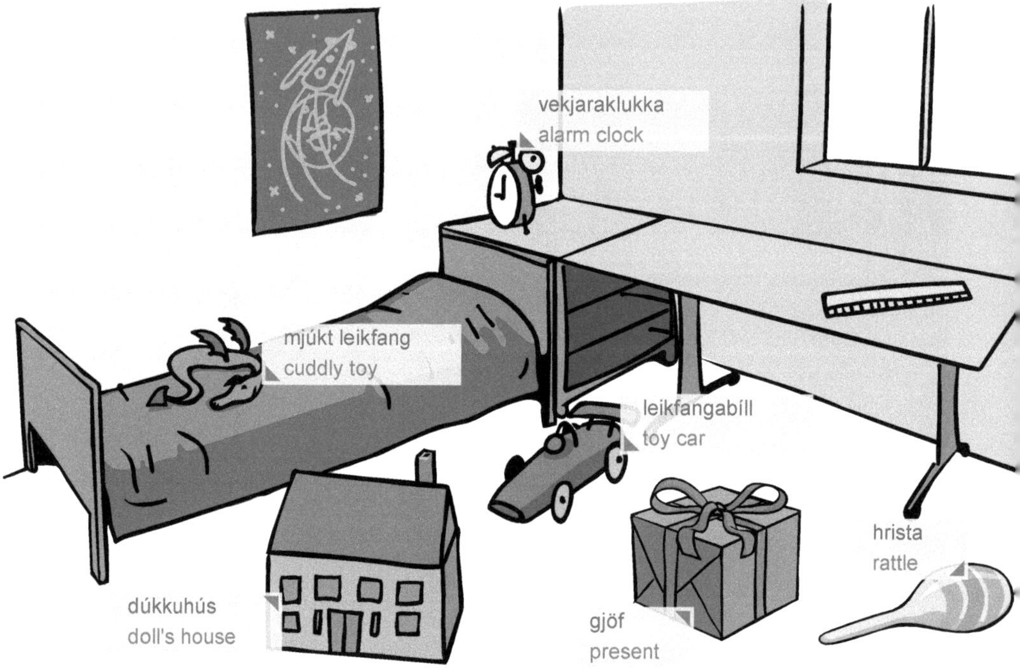

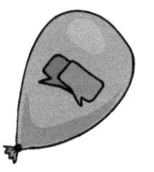

blaðra

balloon

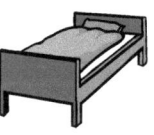

rúm

bed

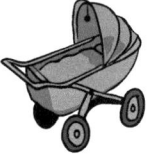

barnavagn

stroller

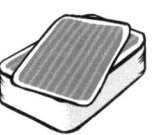

spilastokkur

deck of cards

púsluspil

jigsaw

SUPER
MEGA

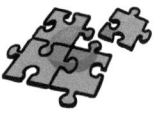

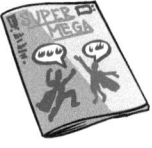

myndasaga

comic

legókubbar

lego bricks

leikfangakubbar

toy blocks

leikfangakall

action figure

samfestingur

romper suit

Frisbídiskur

frisbee

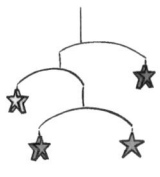

órói

mobile

spilaborð

board game

teningar

dice

lestarlíkan

model train set

snuð

pacifier

veisla

party

myndabók

picture book

bolti

ball

brúða

doll

spila

play

sandkassi

sandpit

sveifla

swing

leikföng

toys

leikjatölva

video game console

þríhjól

tricycle

bangsi

teddy bear

fataskápur

wardrobe

föt

clothing

sokkar

socks

kvensokkabuxur

stockings

sokkabuxur

tights

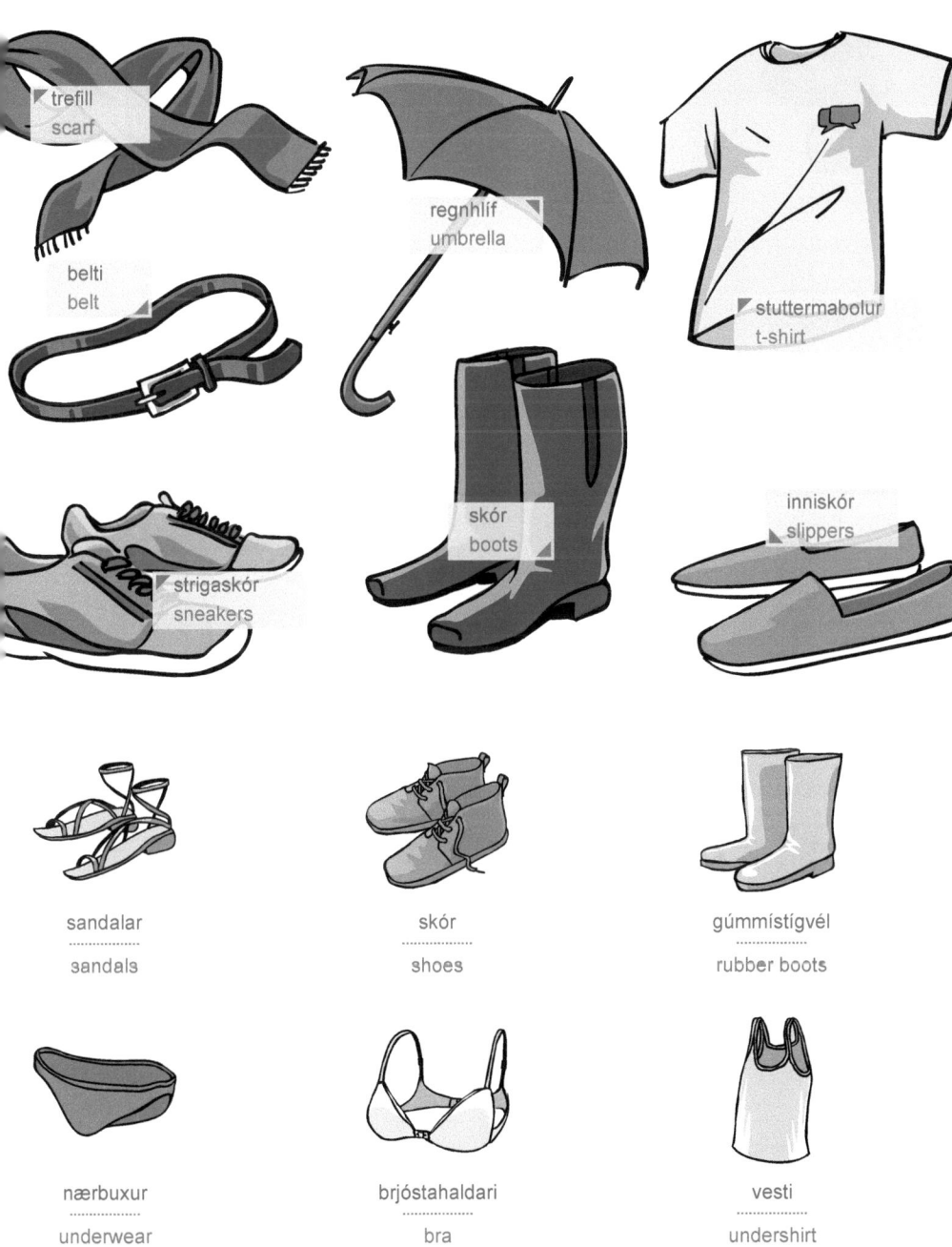

trefill
scarf

regnhlíf
umbrella

stuttermabolur
t-shirt

belti
belt

skór
boots

inniskór
slippers

strigaskór
sneakers

sandalar
sandals

skór
shoes

gúmmístígvél
rubber boots

nærbuxur
underwear

brjóstahaldari
bra

vesti
undershirt

föt - clothing   45

samfella

body

buxur

pants

gallabuxur

jeans

pils

skirt

blússa

blouse

skyrta

shirt

peysa

pullover

hettupeysa

sweater

jakki

blazer

jakki

jacket

frakki

coat

regnfrakki

raincoat

dragt

costume

kjóll

dress

brúðarkjóll

wedding dress

föt - clothing

jakkaföt
suit

náttkjóll
nightgown

náttföt
pajamas

Sari
sari

höfuðslæða
headscarf

túrban
turban

búrka
burka

kaftan
kaftan

abaya
abaya

sundföt
swimsuit

sundbuxur
trunks

stuttbuxur
shorts

íþróttagalli
tracksuit

svunta
apron

hanskar
gloves

hnappur

button

gleraugu

glasses

armband

bracelet

hálsmen

necklace

hringur

ring

eyrnalokkur

earring

húfa

cap

herðatré

coat hanger

hattur

hat

bindi

tie

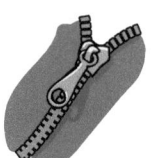

rennilás

zip

hjálmur

helmet

axlabönd

braces

skólabúningur

school uniform

einkennisbúningur

uniform

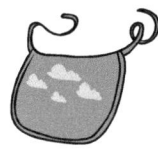

smekkur

bib

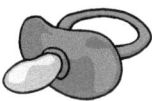

snuð

pacifier

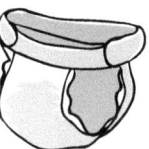

bleyja

diaper

skrifstofa
office

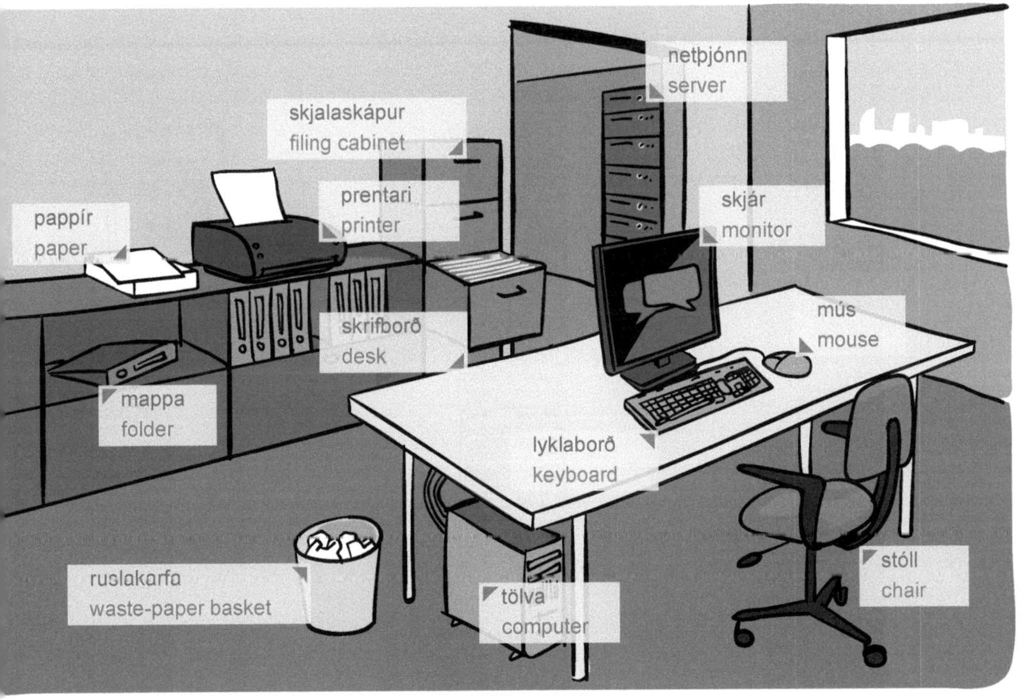

netþjónn
server
skjalaskápur
filing cabinet
prentari
printer
pappír
paper
skjár
monitor
mús
mouse
skrifborð
desk
mappa
folder
lyklaborð
keyboard
stóll
chair
ruslakarfa
waste-paper basket
tölva
computer

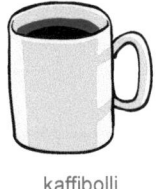

kaffibolli

coffee mug

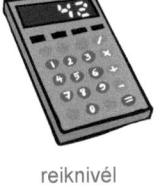

reiknivél

calculator

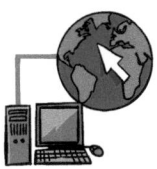

internet

internet

fartölva

laptop

bréf

letter

skilaboð

message

farsími

cell phone

net

network

ljósritunarvél

photocopier

hugbúnaður

software

sími

telephone

innstunga

plug socket

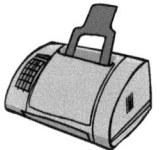

faxtæki

fax machine

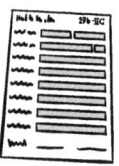

eyðublað

form

skjal

document

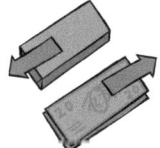

kaupa

buy

borga

pay

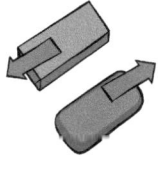

versla

trade

peningar

money

 **USD**

dollari

dollar

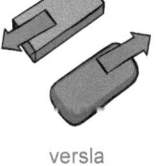 **EUR**

evra

euro

JPY

jen

yen

RUB

rúbla

rouble

CHF

svissneskur franki

Swiss franc

CNY

renminbi yuan

renminbi yuan

INR

rúpíur

rupee

hraðbanki

cash point

gjaldeyrisskipti

currency exchange office

gull

gold

silfur

silver

olía

oil

orka

energy

verð

price

samningur

contract

skattur

tax

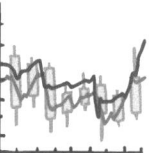

hlutabréf

stock

vinna

work

starfsmaður

employee

vinnuveitandi

employer

verksmiðja

factory

búð

shop

lögreglumaður
police officer

slökkviliðsmaður
fireman

kokkur
cook

læknir
doctor

flugmaður
pilot

garðyrkjumaður

gardener

smiður

carpenter

saumakona

seamstress

dómari

judge

lyfjafræðingur

chemist

leikari

actor

strætóbílstjóri

bus driver

leigubílstjóri

taxi driver

sjómaður

fisherman

ræstitæknir

cleaning lady

þaksmiður

roofer

þjónn

waiter

veiðimaður

hunter

málari

painter

bakari

baker

rafvirki

electrician

byggingaverkamaður

builder

verkfræðingur

engineer

slátrari

butcher

pípari

plumber

póstmaður

postman

hermaður

soldier

arkitekt

architect

gjaldkeri

cashier

blómasali

florist

hárgreiðslumaður

hairdresser

lestarstjóri

conductor

vélvirki

mechanic

skipstjóri

captain

tannlæknir

dentist

vísindamaður

scientist

rabbíi

rabbi

Imam

imam

munkur

monk

prestur

pastor

verkfæri
tools

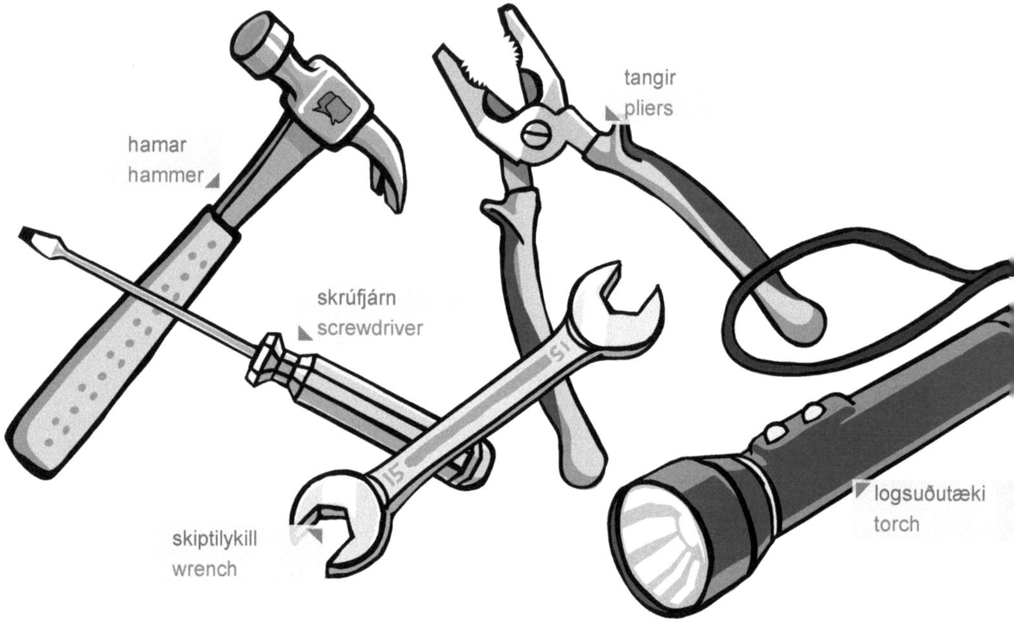
tangir
pliers
hamar
hammer
skrúfjárn
screwdriver
logsuðutæki
torch
skiptilykill
wrench

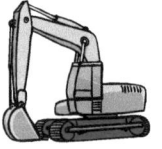

grafa

excavator

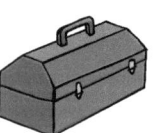

verkfærataska

toolbox

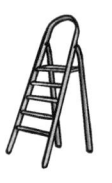

stigi

ladder

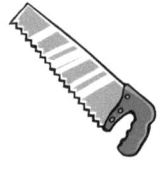

sög

saw

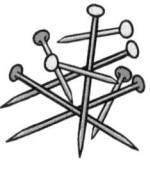

naglar

nails

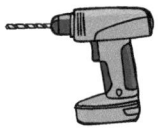

bor

drill

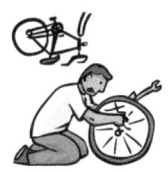

gera við

repair

skófla

shovel

Fjandinn!

Damn!

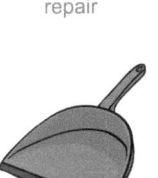

fægiskófla

dustpan

málningarfata

paint can

skrúfur

screws

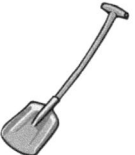

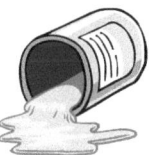

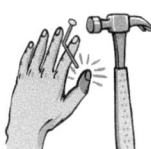

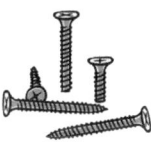

hljóðfæri
musical instruments

hátalari
loud speaker
trommusett
drum set
gítar
guitar
kontrabassi
double bass
trompet
trumpet

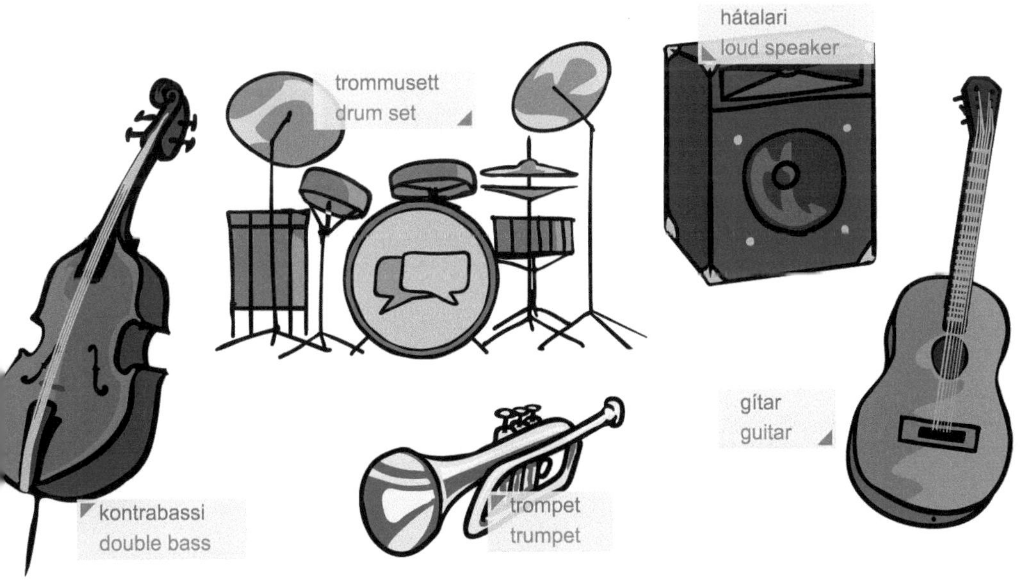

píanó

piano

fiðla

violin

bassi

bass

pákur

timpani

trommur

drums

hljómborð

keyboard

saxófónn

saxophone

flauta

flute

hljóðnemi

microphone

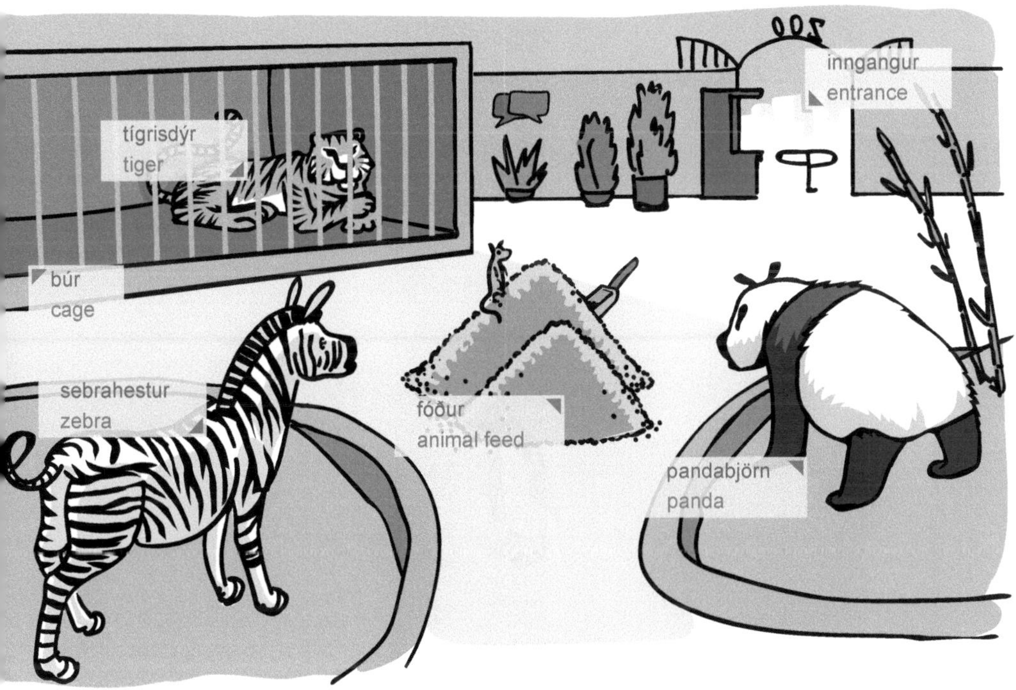

tígrisdýr
tiger

inngangur
entrance

búr
cage

sebrahestur
zebra

fóður
animal feed

pandabjörn
panda

dýr
animals

fíll
elephant

kengúra
kangaroo

nashyrningur
rhino

górilla
gorilla

skógarbjörn
bear

úlfaldi

camel

strútur

ostrich

ljón

lion

api

monkey

flamingó

flamingo

páfagaukur

parrot

ísbjörn

polar bear

mörgæs

penguin

hákarl

shark

páfugl

peacock

snákur

snake

krókódíll

crocodile

dýragarðsvörður

zookeeper

selur

seal

jagúar

jaguar

dýragarður - zoo

hestur
pony

hlébarði
leopard

flóðhestur
hippo

gíraffi
giraffe

örn
eagle

villisvín
boar

fiskur
fish

skjaldbaka
turtle

rostungur
walrus

refur
fox

gasella
gazelle

Ameríkskur fótbolti
American football

hjólreiðar
cycling

tennis
tennis

körfubolti
basketball

sund
swimming

hnefaleikar
boxing

íshokkí
ice hockey

fótbolti
soccer

hnit
badminton

frjálsar íþróttir
athletics

handbolti
handball

skíði
skiing

póló
polo

hlæja
laugh

hoppa
jump

faðma
hug

ganga
walk

syngja
sing

dreyma
dream

biðja
pray

kyssa
kiss

skrifa	teikna	sýna
write	draw	show

ýta	gefa	taka
push	give	take

hafa

have

gera

do

vera

be

standa

stand

hlaupa

run

draga

pull

kasta

throw

detta

fall

ljúga

lie

bíða

wait

bera

carry

sitja

sit

klæða sig

get dressed

sofa

sleep

vakna

wake up

líta á
look at

gráta
cry

strjúka
stroke

greiða
comb

tala
talk

skilja
understand

spyrja
ask

hlusta
listen

drekka
drink

borða
eat

taka til
tidy up

elska
love

elda
cook

keyra
drive

fljúga
fly

sigla

sail

reikna

calculate

lesa

read

læra

learn

vinna

work

giftast

marry

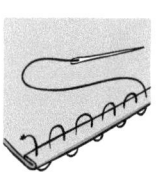

sauma

sew

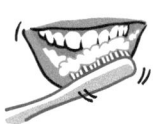

bursta tennur

brush teeth

drepa

kill

reykja

smoke

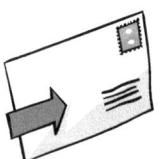

senda

send

amma
grandmother

afi
grandfather

faðir
father

móðir
mother

barn
baby

dóttir
daughter

sonur
son

gestur

guest

frænka

aunt

frændi

uncle

bróðir

brother

systir

sister

líkami

body

enni
forehead
auga
eye
andlit
face
haka
chin
brjóst
breast
öxl
shoulder
fingur
finger
hönd
hand
fótleggur
leg
handleggur
arm

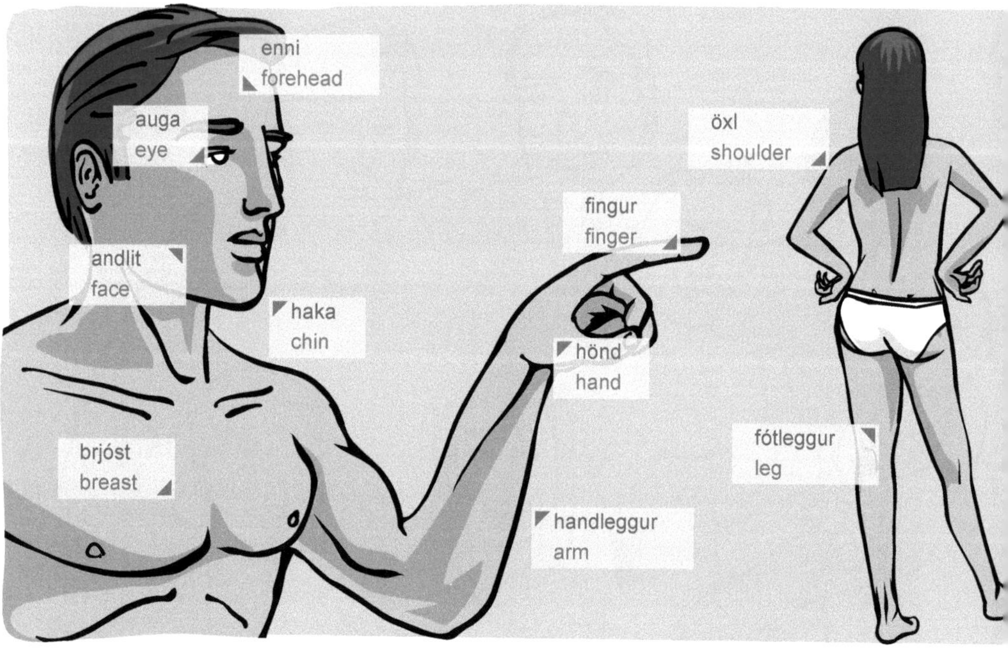

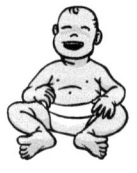

barn

baby

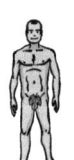

maður

man

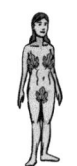

kona

woman

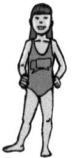

stúlka

girl

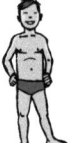

drengur

boy

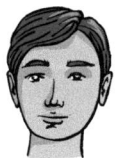

höfuð

head

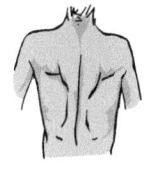

bak
back

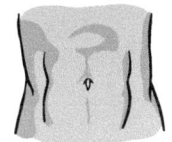

kviður
belly

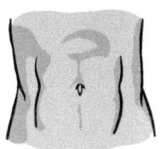

nafli
navel

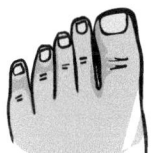

tá
toe

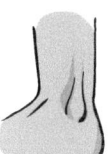

hæll
heel

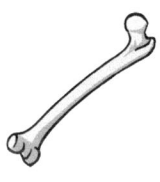

bein
bone

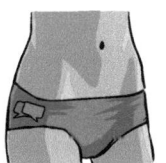

mjöðm
hip

hné
knee

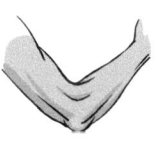

olnbogi
elbow

nef
nose

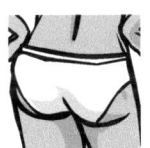

rass
buttocks

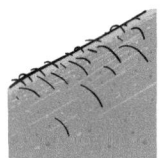

húð
skin

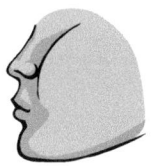

kinn
cheek

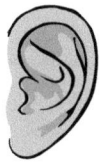

eyra
ear

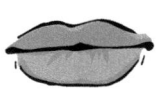

vör
lip

munnur

mouth

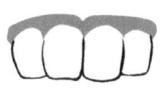

tönn

tooth

tunga

tongue

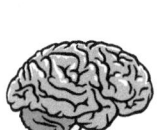

heili

brain

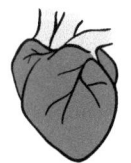

hjarta

heart

vöðvi

muscle

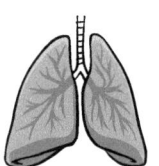

lunga

lung

lifur

liver

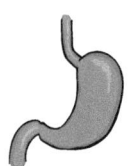

magi

stomach

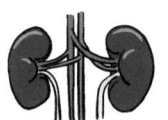

nýru

kidneys

kynmök

sex

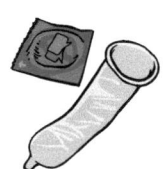

smokkur

condom

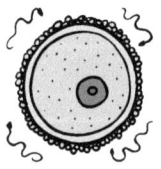

eggfruma

ovum

sæði

semen

ólétta

pregnancy

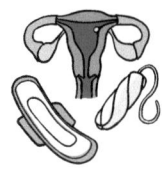

tíðir

menstruation

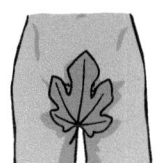

leggöng

vagina

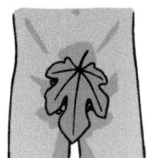

typpi

penis

augabrún

eyebrow

hár

hair

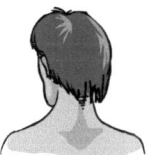

háls

neck

líkami - body

sjúkrahús
hospital

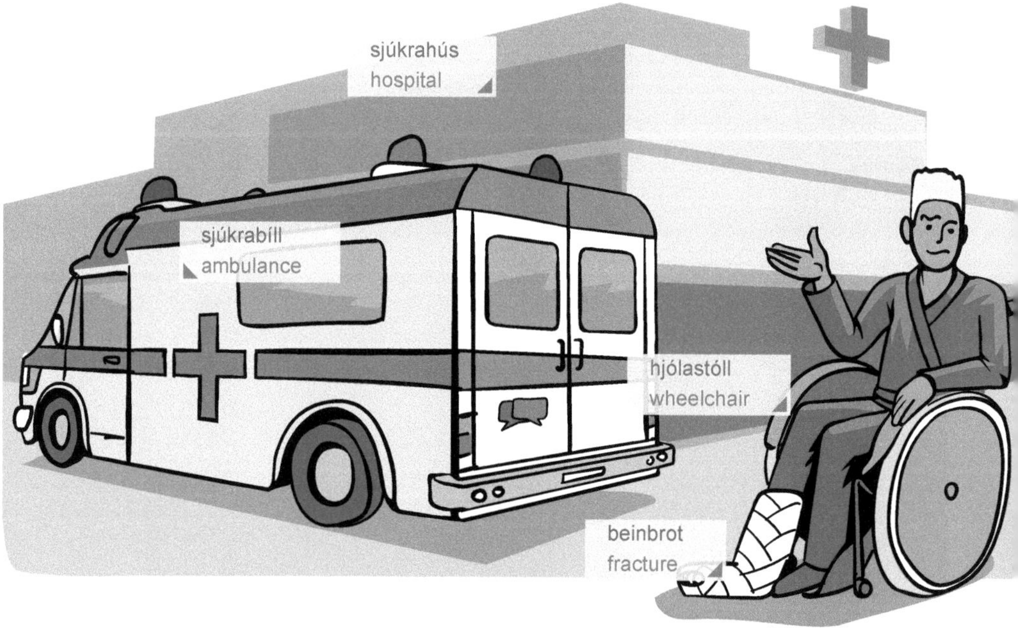

sjúkrahús
hospital
sjúkrabíll
ambulance
hjólastóll
wheelchair
beinbrot
fracture

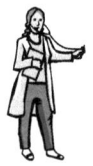

læknir

doctor

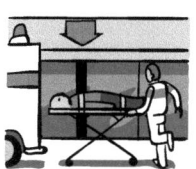

bráðamóttaka

emergency room

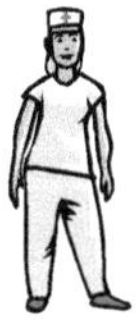

hjúkrunarfræðingur

nurse

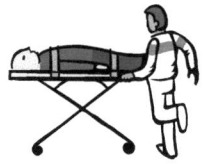

neyðartilvik

emergency

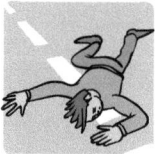

meðvitundarlaus

unconscious

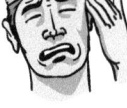

verkir

pain

meiðsli

injury

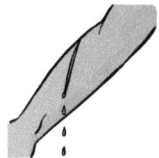

blæðing

bleeding

hjartaáfall

heart attack

heilablóðfall

stroke

ofnæmi

allergy

hósti

cough

hiti

fever

flensa

flu

niðurgangur

diarrhea

höfuðverkur

headache

krabbamein

cancer

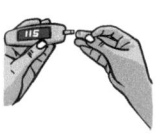

sykursýki

diabetes

skurðlæknir

surgeon

skurðhnífur

scalpel

aðgerð

operation

sjúkrahús - hospital

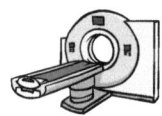

sneiðmyndataka

CT

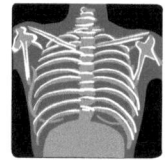

röntgengeisli

x-ray

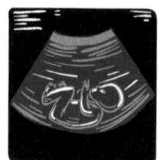

ómskoðun

ultrasound

andlitsgríma

face mask

sjúkdómur

disease

biðstofa

waiting room

hækja

crutch

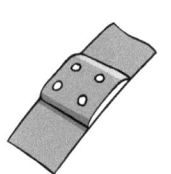

gifs

plaster

sáraumbúðir

bandage

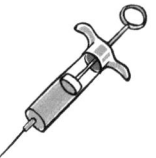

sprauta

injection

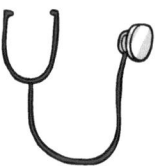

hlustunarpípa

stethoscope

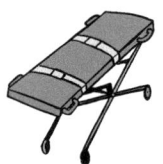

börur

stretcher

líkamshitamælir

clinical thermometer

fæðing

birth

yfirvigt

overweight

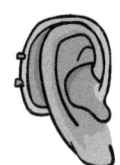

heyrnartæki

hearing aid

sótthreinsiefni

disinfectant

sýking

infection

veira

virus

HIV / AIDS

HIV / AIDS

lyf

medicine

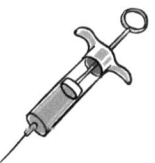

bólusetning

vaccination

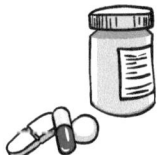

töflur

tablets

pilla

pill

neyðarsímtal

emergency call

blóðþrýstingsmælir

blood pressure monitor

lasinn / heilbrigður

ill / healthy

Hjálp!

Help!

viðvörun

alarm

líkamsárás

assault

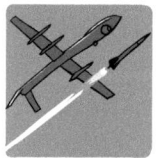

árás

attack

hætta

danger

neyðarútgangur

emergency exit

Eldur!

Fire!

slökkvitæki

fire extinguisher

slys

accident

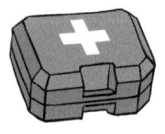

skyndihjálparbúnaður

first-aid kit

SOS

SOS

lögregla

police

Evrópa

Europe

Norður-Ameríka

North America

Suður-Ameríka

South America

Afríka

Africa

Asía

Asia

Ástralía

Australia

Atlantshaf

Atlantic

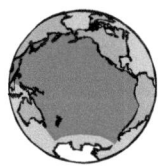

Kyrrahaf

Pacific

Indlandshaf

Indian Ocean

Suður-Íshaf

Antarctic Ocean

Norður-Íshaf

Arctic Ocean

Norðurpóll

North pole

Suðurpóll

South pole

Suðurskautslandið

Antarctica

Jörð

earth

land

land

sjór

sea

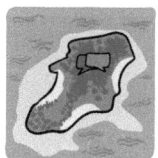

eyja

island

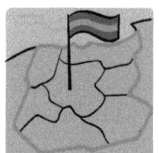

þjóð

nation

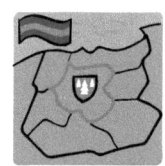

ríki

state

klukkuskífa

clock face

litli vísir

hour hand

stóri vísir

minute hand

sekúnduvísir

second hand

Hvað er klukkan?

What time is it?

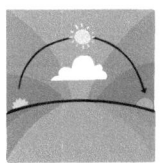

dagur

day

tími

time

nú

now

tölvuúr

digital watch

mínúta

minute

klukkustund

hour

vika
week

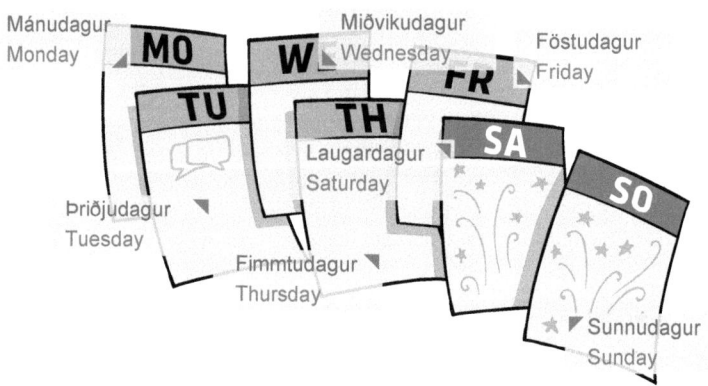

Mánudagur / Monday
Miðvikudagur / Wednesday
Föstudagur / Friday
Þriðjudagur / Tuesday
Fimmtudagur / Thursday
Laugardagur / Saturday
Sunnudagur / Sunday

í gær

yesterday

í dag

today

á morgun

tomorrow

morgunn

morning

hádegi

noon

kvöld

evening

virkir dagar

workdays

helgi

weekend

ár

year

regnbogi
rainbow
rigning
rain
vindur
wind
snjór
snow
vor
spring
haust
fall
sumar
summer
vetur
winter

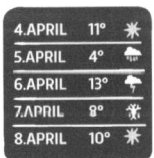

4.APRIL 11°
5.APRIL 4°
6.APRIL 13°
7.APRIL 8°
8.APRIL 10°

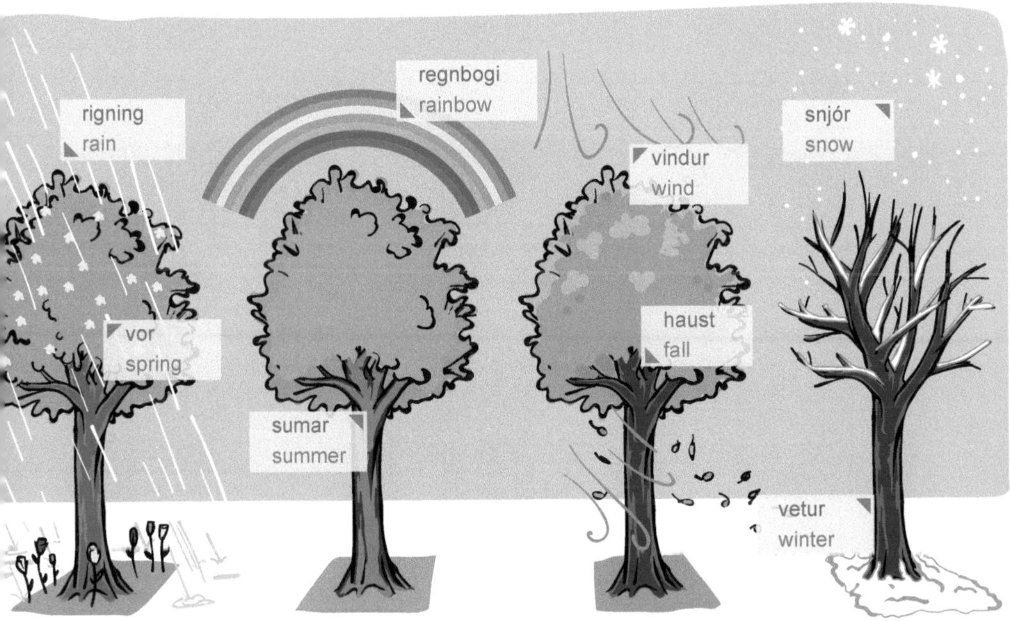

veðurspá

weather forecast

F C
120 90 60 30 0 -30
40 30 20 10 0 -10 -20

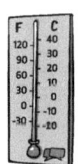

hitamælir

thermometer

sólskin

sunshine

ský

cloud

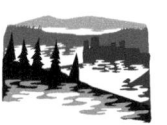

þoka

fog

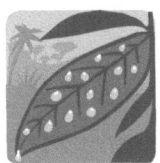

raki

humidity

eldingar

lightning

þrumuveður

thunder

stormur

storm

haglél

hail

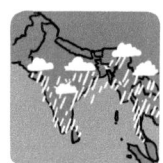

monsún

monsoon

flóð

flood

ís

ice

Janúar

January

Febrúar

February

Mars

March

Apríl

April

Maí

May

Júní

June

Júlí

July

Ágúst

August

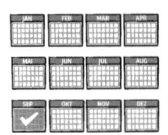

September
September

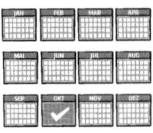

Október
October

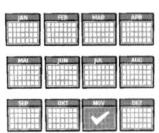

Nóvember
November

Desember
December

hringur
circle

ferningur
square

rétthyrningur
rectangle

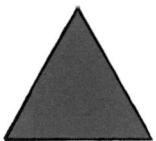

þríhyrningur
triangle

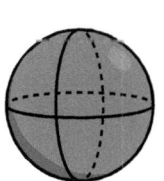

kúla
sphere

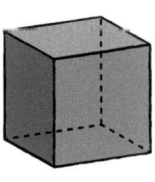

teningur
cube

hvítur

white

gulur

yellow

appelsínugulur

orange

bleikur

pink

rauður

red

fjólublár

purple

blár

blue

grænn

green

brúnn

brown

grár

gray

svartur

black

mikið / lítið

a lot / a little

reiður / rólegur

angry / calm

fallegur / ljótur

beautiful / ugly

upphaf / endir

beginning / end

stór / lítill

big / small

bjartur / dimmur

bright / dark

bróðir / systir

brother / sister

hreinn / óhreinn

clean / dirty

heill / ófullnægjandi

complete / incomplete

dagur / nótt

day / night

dauður / lifandi

dead / alive

breiður / mjór

wide / narrow

ætur / óætur
edible / inedible

vondur / góður
evil / kind

spenntur / leiður
excited / bored

feitur / mjór
fat / thin

fyrstur / síðastur
first / last

vinur / óvinur
friend / enemy

fullur / tómur
full / empty

harður / mjúkur
hard / soft

þungur / léttur
heavy / light

svangur / þyrstur
hunger / thirst

lasinn / heilbrigður
ill / healthy

ólöglegur / löglegur
illegal / legal

greindur / heimskur
intelligent / stupid

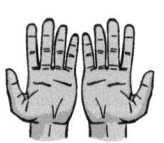

vinstri / hægri
left / right

nálægur / fjarlægur
near / far

nýr / notaður
new / used

ekkert / eitthvað
nothing / something

gamall / ungur
old / young

kveikt / slökkt
on / off

opna / loka
open / closed

Lágvær / hávær
quiet / loud

ríkur / fátækur
rich / poor

rétt / rangt
right / wrong

grófur / sléttur
rough / smooth

rgbitinn / hamingjusamur

sad / happy

stutt / lengi
short / long

hægt / hratt
slow / fast

blautur / þurr
wet / dry

heitur / kaldur
warm / cool

stríð / friður
war / peace

0	**1**	**2**
núll	einn	tveir
zero	one	two

3	**4**	**5**
þrír	fjórir	fimm
three	four	five

6	**7**	**8**
sex	sjö	átta
six	seven	eight

9	**10**	**11**
níu	tíu	ellefu
nine	ten	eleven

12

tólf
twelve

13

þrettán
thirteen

14

fjórtán
fourteen

15

fimmtán
fifteen

16

sextán
sixteen

17

sautján
seventeen

18

átján
eighteen

19

nítján
nineteen

20

tuttugu
twenty

100

hundrað
hundred

1.000

þúsund
thousand

1.000.000

milljón
million

Enska

English

Amerísk enska

American English

Mandarin-kínverska

Chinese Mandarin

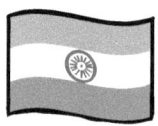

Hindí

Hindi

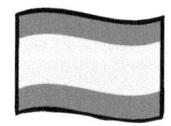

Spænska

Spanish

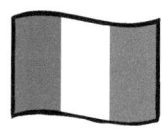

Franska

French

Arabíska

Arabic

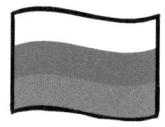

Rússneska

Russian

Portúgalska

Portuguese

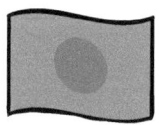

Bengali

Bengali

Þýska

German

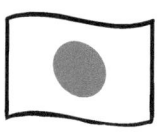

Japanska

Japanese

ég

I

þú

you

hann / hún / það

he / she / it

við

we

þú

you

þeir

they

hver?

who?

hvað?

what?

hvernig?

how?

hvar?

where?

hvenær?

when?

nafn

name

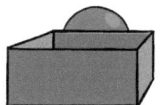

bakvið

behind

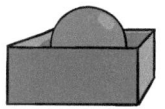

í

in

fyrir framan

in front of

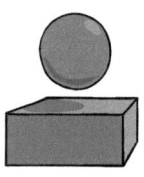

yfir

over

á

on

undir

under

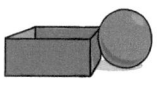

við hliðina

beside

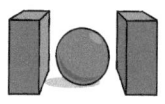

milli

between

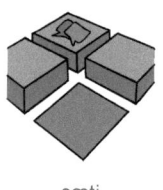

sæti

place